AF226827

TRANSPORTATION

ET

COLONISATION.

Je ne présente pas un plan d'opération. J'offre seulement, à propos de la transportation des insurgés, une idée qui me paraît de quelque importance politique.

Je rattache à la question de l'écoulement nécessaire du trop-plein de nos villes la solution de l'une des questions les plus délicates et les plus embarrassées de notre politique maritime

Tous les hommes qui ont tourné leur regard de ce côté, administrateurs, hommes d'État, officiers de la flotte, tous se sont plus d'une fois demandé s'il était possible désormais à la France de sortir avec honneur de la question de Madagascar.

J'essaie d'indiquer cette issue honorable, en inspirant notre politique maritime des grands principes proclamés par notre République.

Mon idée réalisée donne d'ailleurs un emploi immédiat et un secours aux navires oisifs dans nos ports, et elle rend un service considérable à l'une de nos colonies, l'île de la Réunion.

Si les hommes d'État de mon pays saisissent cette idée et lui donnent vie, des tristes nécessités pénales du moment ils auront tiré quelque chose de grand.

La situation de l'Europe entière est favorable à la négociation projetée. Les mêmes causes suscitent partout les mêmes souffrances et les mêmes menaces.

C'est le moment pour toutes les nations, solidairement engagées dans les mêmes difficultés, d'organiser solidairement un vaste mouvement d'expansion. Et il serait beau qu'à ce jugement porté par la République sur ses enfants égarés se rattachât, dans la postérité, le souvenir d'une fondation glorieuse et d'un acte de politique nouvelle et chrétienne.

D. LAVERDANT.

(Cette communication est confidentielle.)

NOTE

SUR LA TRANSPORTATION DES INSURGÉS,

~~R~~ LA COLONISATION DE MADAGASCAR

ET SUR

UN NOUVEAU PRINCIPE DE

POLITIQUE COLONISATRICE

I

NÉCESSITÉ DE LA COLONISATION.

Intérêt du moment.

La peine de la transportation a été décrétée contre les hommes que l'entraînement de la passion ou le désespoir de la faim ont poussés à la cruelle insurrection de juin.

Le Pouvoir exécutif, l'Assemblée nationale, le pays tout entier inclinent à ces sentiments d'indulgence fraternelle qu'invoquait si noblement le représentant Dornès en faveur de ceux qui l'ont tué. Mais peut-on s'en tenir à une amnistie pure et simple? Dans les conditions actuelles de l'industrie, l'amnistie ne serait-elle pas réellement une peine pour les individus et un danger pour l'ordre social?

1848

Les ouvriers relâchés, restant sans ouvrage, ne se trouveraient-ils pas de nouveau livrés aux souffrances de la faim, et, de nouveau, ne pourraient-ils pas devenir des instruments d'insurrection entre les mains des exaltés, des fous et des ambitieux de toute couleur?

Que si la République veut avoir cette pure gloire d'amnistier ses enfants égarés, qu'elle prononce la parole de fraternité, mais qu'en même temps elle fasse un généreux appel pour la colonisation, qu'elle exalte cet esprit d'aventure qui fit autrefois la gloire de la nation française.

En un mot, soit par contrainte, soit librement, il importe que les insurgés de juin soient dirigés vers des colonies nouvelles, où, par un travail utile à l'humanité, ils mériteront l'oubli complet de leur faute, où ils pourront trouver à vivre en paix et avec honneur.

Intérêt constant.

La nécessité ne s'arrête pas à la transportation des insurgés de juin. Les chefs de la République sont trop prévoyants pour ne pas sentir que tous les arts de luxe sont frappés pour plusieurs années, et que les événements qui s'accomplissent dans toute l'Europe vont prolonger, pour la France, la crise industrielle. Dans toutes nos grandes cités, des masses ouvrières vont se trouver sans emploi, jetées sur le pavé. Faudra-t-il que la bourgeoisie les nourrisse sans travail et les surveille l'arme au bras? Faudra-t-il former un camp aux portes de chacune de nos villes manufacturières?

S'imaginer que cette crise profonde va s'arrêter devant quelques mesures fermes et modérées, c'est manquer de prévoyance, c'est une illusion pure. Les arts industriels, depuis trente ans, ont pris un développement monstrueux, en disproportion avec l'état de la fortune générale. Tous les capitaux se sont portés avec furie vers la fabrique et le

commerce. Nous allons assister à l'écroulemènt de cet édi-
fice imprudemment construit. Il aura fallu cette douloureuse expérience pour révéler le désordre de notre activité et pour reporter les forces nationales sur le domaine
moins brillant, mais plus sûr et plus fécond de l'agricul-
ture; il aura fallu cette douloureuse expérience pour nous
faire renoncer à l'entassement des ouvriers dans nos villes,
pour nous enseigner que la manufacture doit être une an-
nexe aux travaux des champs.

En attendant qu'une économie sociale mieux èntendue
distribue sainement les forces et constitue un ordre industriel meilleur, la France va porter la peine des erreurs et
des folies passées, la France va traîner ce que nous pou-
vons bien nommer ici *le boulet du paupérisme*, car, au sein
de nos populations généreuses et turbulentes, le paupérisme c'est la guerre civile. Ce n'est pas, comme en Angleterre, une plaie s'étendant sur un corps qu'une aristocratie nerveuse soutient et couvre de pourpre et d'or ; c'est
une bombe qui fera éclater le corps social, si l'on n'avise
au plus tôt.

Les remèdes qui dépendent d'une plus savante combinaison des forces productives ne peuvent avoir leur effet
utile qu'avec le temps. Or l'état de la France ne permet
pas d'attendre. Le seul remède immédiatement efficace,
c'est la colonisation.

Il importe d'ailleurs au plus haut point à la puissance
maritime de la France que le gouvernement crée des colonies et favorise la navigation au long cours.

Devoir national et religieux.

La vie des nations a deux essors : l'un intérieur, et qui
consiste à former et à perfectionner l'organisme social ;
l'autre extérieur, plus brillant, plus généreux, et dont
l'objet est de mettre chaque État en rapport avec les

autres, avec l'humanité entière. Un peuple n'est grand dans le monde qu'à la condition de remplir ces deux devoirs, que l'instinct, la raison et l'histoire nous révèlent et nous enseignent, et qui trouvent leur consécration dans les livres sacrés. La recherche des constitutions supérieures et des lois divines de l'ordre social est commandée aux hommes par ces paroles : *Cherchez premièrement le royaume de Dieu et sa justice, et le reste vous sera donné par surcroît*. La colonisation , l'expansion civilisatrice est commandée aux hommes par ces paroles : *Remplissez la terre et l'assujettissez...Allez, et instruisez toutes les nations*.

Ce mouvement d'expansion et de fusion des peuples et des races apparaît partout dans l'histoire. Le besoin qu'ont les hommes de se connaître, de se mêler, de s'unir, en un mot la tendance de l'humanité à constituer son *unité*, pousse les nations puissantes à se porter incessamment en avant, à embrasser dans la sphère de leur activité les peuples barbares, à répandre par tout le globe les bienfaits de leur civilisation.

Une grande nation est donc celle qui sent vivement et qui pratique l'idée chrétienne de la solidarité et de la fraternité des peuples, qui agit à toutes les extrémités du globe, portant devant elle le flambeau de la science. Une grande nation est celle qui prend largement sa part dans la mise en culture et la gestion du domaine confié par Dieu aux soins de l'homme. Une grande nation est celle qui enseigne aux barbares sa politique, son administration, ses lois, ses mœurs, son langage. Tout peuple dont l'histoire a gardé le nom célèbre a été colonisateur.

Le gouvernement républicain veut pour la France gloire et grandeur : il donnera donc une généreuse impulsion au génie colonisateur du peuple français.

Ainsi tous les intérêts et tous les devoirs commandent à la France de coloniser. La religion, le soin de la gloire nationale, l'intérêt de la marine, l'intérêt des classes ouvrières auxquelles l'ouvrage va manquer de plus en plus, l'intérêt de la tranquillité et de la moralité publiques, tous les nobles sentiments humains, tous les grands besoins patriotiques, même tous les calculs de l'égoïsme, de la peur, d'une sage prévoyance; tout commande d'envoyer dans les contrées sauvages des essaims de colonisateurs.

II

SUPÉRIORITÉ DE MADAGASCAR.

Nos vieilles colonies des Antilles et l'île de la Réunion sont pleines. La Guyane, le Sénégal, Tahïti, l'Algérie, ont déjà leurs essaims. Ce n'est pas tant un surcroît d'hommes qu'il faut immédiatement à ces pays; c'est un système de colonisation. Une masse d'immigrants subitement introduite ne ferait qu'y augmenter les difficultés. On fait des essais en Algérie, des études à la Guyane. Au Sénégal et à Tahïti, on ne fait guère que le commerce. Ce qui est incontestable, c'est que l'établissement dans ces diverses contrées exige une mise de fonds et des travaux préparatoires assez considérables, avant de donner des bénéfices et des fruits.

Quant aux colonisations intérieures projetées pour nos landes, nos bruyères et nos marais, elles ne peuvent, de longtemps, nourrir les travailleurs. D'ailleurs, il est évident, pour qui a médité sur ces matières, que ces entreprises demandent, pour mener à bien, des organisations fortes, d'un caractère nouveau. C'est le cas d'essayer, comme l'ont proposé l'ingénieur Krantz[1], le savant agronome Rieffel et tant d'autres hommes distingués, la création de *régiments de travaux publics*. Ces généreuses expériences doivent être partielles. On ne peut pas songer

(1) *Création d'une armée de travaux publics.* A la Librairie sociétaire, quai Voltaire, **25**.

à former, en grand nombre, ces corps de travailleurs, quand on ne sait pas encore comment ils fonctionneront.

En principe, les travaux entrepris en France doivent se combiner surtout avec des essais d'organismes et de systèmes. La colonisation intérieure est le champ des études, des recherches pour la solution des problèmes sociaux. Fermes-modèles, colonies agricoles, écoles rurales, pénitenciers enfantins, régiments de travaux publics, toutes ces œuvres, entreprises avec mesure, doivent avoir pour objet d'occuper fortement l'esprit inventif des penseurs et de donner la mesure du génie organisateur de la France. En réalité, toutes ces premières expériences, si elles tendent à quelque chose de vraiment grand, seront coûteuses.

Ainsi des opérations exigeant beaucoup de capitaux et de temps ne sont pas un expédient quand il s'agit de donner des moyens immédiats d'existence à des masses d'hommes.

Il est un pays, favorisé du ciel, où le colonisateur n'a besoin pour s'établir et vivre que d'un capital exigu, d'un faible secours pendant quelques mois. Là, fût-il travailleur indolent, la terre lui donnera trois et quatre récoltes par an, en patates, cambares, manioc, légumes, graminées, fruits savoureux. Là, il recueillera sans peine toutes les épices, les gommes précieuses, les plantes médicinales, les bois de teinture. Là, vécût-il en sauvage, la chasse et la pêche suffiraient à ses besoins. C'est l'île de Madagascar, dont Richelieu, Colbert et Louis XIV voulurent faire une *France orientale* [1].

On a proposé de disséminer les transportés et de les jeter

---

(1) Voir le tableau des richesses et des magnificences de cette terre dans le vieux livre de Flacourt, dans les ouvrages modernes de MM. Legneval de Lacombe, Carayon, Lacaille, Descartes, Laverdant, et dans les Histoires des Anglais Coppland et Ellis.

par petits groupes sur tous les points dont nous disposons. Ce système semble plus facile au premier abord ; il ne produirait rien de grand. Que l'on dirige sur l'Algérie un ou deux essaims, avec lesquels on expérimentera l'association militaire : nous applaudissons à une telle pensée ; mais que le gros des émigrants soit réservé pour une fondation coloniale lointaine, nouvelle, et sur terre vierge.

On objecte qu'avec les dépenses exigées par un transport de long cours on fonderait des établissements supérieurs en Algérie. Pour qui connaît les difficultés des défrichements en ce pays, il est évident que la transportation à Madagascar serait en définitive moins coûteuse. Pour qui connaît la magnificence de l'île Malegache, il est évident que le sort des transportés y sera plus doux et plus heureux. Nulle terre n'est douée d'un tel atttrait, d'un tel charme. Tous ceux qui l'ont visitée l'aiment, la regrettent, et y voudront vivre du jour où ils sauront y trouver les sécurités d'une politique civilisée et chrétienne.

Considérons d'ailleurs que, dans la lutte suprême engagée en Europe entre la démocratie et l'aristocratie, une rupture avec l'Angleterre est presque inévitable. Or, le premier acte de la guerre ce sera le soulèvement des Arabes et très probablement la perte de notre colonie. Personne, à cet égard, ne se fait illusion en France.

Dans la combinaison que nous proposons aujourd'hui, la fondation coloniale de Madagascar repose sur une garantie de paix et de sécurité.

Madagascar est une de ces grandes et splendides terres que la Providence semble avoir soustraites à la domination de l'Europe guerrière et asservissante, afin que, l'esclavage étant aboli, les peuples chrétiens y viennent aujourd'hui sans armes fonder le règne facile de la fraternité. Là, quatre millions d'hommes doux, aimables et gais, dominés par une peuplade barbare, nous attendent comme des libérateurs ; là, nous serons reçus en amis, car une vive sympathie naturelle unit le caractère malegache au caractère français.

C'est donc sur l'île Malegache, cette clef de l'Afrique orientale, que la France doit surtout porter son effort colonisateur.

III

DIFFICULTÉS GÉNÉRALES.

La France a échoué dans des entreprises diverses sur Madagascar. Les deux dernières expéditions sont de 1829 et 1844. Ces tentatives devaient nécessairement avoir un mauvais résultat ; elles étaient aussi mal conçues qu'il est possible de l'imaginer.

Nous avons à Madagascar deux adversaires : la fièvre et la peuplade des Hôvas.

On objecte souvent, contre la colonisation de l'île africaine, l'insalubrité de ses côtes. D'abord, le danger de la fièvre a été fort exagéré. Les traitants y ont succombé souvent, parce que, dans leur oisiveté funeste, ils se sont toujours livrés à des excès débilitants et abrutissants. M. de Lastelle, qui dirige une vaste exploitation depuis vingt ans et dans la contrée la plus malsaine, n'a pas perdu un seul de ses employés européens. Il faut considérer, en outre, que par une fatalité inouïe, par une imprudence inqualifiable, toutes les expéditions de soldats et de colons faites par la France ont eu *lieu dans la plus mauvaise saison, au début même ou au plein de la saison des fièvres.* Le fait ne serait pas croyable si l'histoire n'était là pour l'attester.

Nous ne comprenons pas qu'on s'avise d'invoquer la peur de la fièvre, quand il s'agit de féconder des sources immenses de richesses, d'accomplir de grandes œuvres civilisatrices. Toutes les terres sauvages ne sont-elles pas fiévreuses, et ne faut-il pas que le travail intelligent de l'homme dessèche les marécages et épure l'atmosphère? La puissante nation des États-Unis existerait-elle si les premiers colons avaient eu peur de la fièvre? De pareils dangers pourraient-ils arrêter un noble peuple dans ses entreprises? Le Français, réputé intrépide, reculerait piteusement devant la fièvre! La fièvre effraierait plus que le boulet et la mitraille!

Et d'ailleurs, s'il est un péril au début de ces belles entreprises, ils seront fiers d'aller le braver, ceux qui ont déployé tant d'énergie en déclarant la guerre civile! Leur lutte et leur victoire contre les marais vaudront mieux pour l'humanité que leur insurrection confuse! Que leur effort dévoué aplanisse les difficultés pour les colons qui viendront bientôt les rejoindre! Et n'en doutez pas, si vous les appelez à ce péril, ils entendront votre langage. Si vous leur demandez du courage et du dévouement, ils vous répondront par de sublimes sacrifices. Le noble feu du sang français n'est pas encore éteint.

L'autre adversaire de la France, c'est la peuplade des Hôvas. Cette peuplade, qu'une nation rivale arma contre nous, il y a vingt-cinq ans, compte tout au plus 500,000 âmes. Elle habite les hauts plateaux du centre de l'île, et elle souffre, plus que l'Européen, des fièvres du littoral. Par une autre fatalité que l'histoire atteste encore, nous avons toujours attaqué les Hôvas de la manière la plus imprudente, et nous n'avons jamais su armer pour nous et opposer à notre ennemi les nombreuses populations malegaches qui le détestent et qui nous aiment.

Aujourd'hui les moyens de se préserver de la fièvre et les moyens d'avoir raison des Hôvas sont amplement étu-

diés, et la République saura éviter les fautes qui furent
si longtemps commises et renouvelées[1].

IV

DIFFICULTÉ SPÉCIALE.

La fièvre et les Hôvas ne sont, en réalité, que des difficultés secondaires, vulgaires. La vraie, la seule difficulté
qui domine toute la question, c'est la rivalité anglaise.

L'Angleterre, en 1815, essaya d'enlever à la France,
disons le mot, essaya d'escamoter l'île de Madagascar.
Contrainte de céder aux réclamations énergiques du gouvernement de la Restauration, l'Angleterre se fait l'alliée
des Hôvas, les organise, les arme contre nous, et les pro-
clame souverains d'un pays que naguère elle prétendait
lui appartenir par cession des droits de la France.

En 1829, à la suite d'un changement dans le gouvernement de l'île, les Anglais sont mis eux-mêmes en suspicion,
puis exclus comme tous les Européens. Cependant ils con-
servent à Malegache des influences occultes, et ils n'attendent que la mort de la reine actuelle, Ranavalo, pour re-
prendre l'œuvre d'établissement de leur suzeraineté.

En ce moment, où cette question de la colonisation de
Madagascar prend faveur, on a proposé de faire opérer la
conquête armée de l'île par notre corps d'insurgés. Assu-
rément nos hardis Parisiens battraient les Hôvas; mais

(1) Voir la *Colonisation de Madagascar*, par D. Laverdant. — *Histoire de l'établissement de Madagascar*, par le capitaine d'artillerie
Carayon. — Consulter les rapports de M. le commandant Passot, gou-
verneur de Mayotte, de M. le commandant d'artillerie Gouhot et de
M. le capitaine de vaisseau Guillain.

croire qu'ils occuperaient et garderaient Madagascar, c'est compter sans l'Angleterre.

Il est clair que, dans l'état présent de l'Europe, la France ne peut songer à dégarnir ses côtes. Elle a besoin de concentrer sa flotte dans la Méditerranée. L'armée d'expédition serait donc transportée par des navires marchands. J'admets que l'on débarque quinze mille hommes à Madagascar. Eh bien! cette force, plus que suffisante pour détruire la puissance hôva, sera elle-même détruite en moins de trois mois ; et, en effet, elle serait infailliblement prise entre les Hôvas, la fièvre, la famine, une armée anglaise venue de Bombay, de Maurice et du Cap, et une puissante escadre bloquant les ports malegaches.

V

POLITIQUE ANGLAISE.

Domination à Madagascar.

Mais est-il certain que l'Angleterre intervienne? En douter, c'est ignorer la politique traditionnelle de l'aristocratie anglaise.

Mais quel si grand intérêt pousserait l'Angleterre à une déclaration de guerre? Nous l'allons montrer en peu de mots.

L'aristocratie anglaise poursuit la domination maritime universelle. En raison de cette tendance grandiose de sa politique, jamais, pouvant l'empêcher, elle ne permettra à la France de s'établir à Madagascar.

Madagascar est un des grands foyers de puissance maritime marqués par la nature. Il n'existe que quatre autres points qui soient comparables à celui-là : les Iles-Britanniques, les grandes Antilles, Java et le Japon. Son établissement dans les Iles-Britanniques a assuré à la race anglo-saxonne la supériorité navale et la grandeur dont elle jouit. L'importance des trois autres points n'a pas échappé à la sagacité des hommes d'État anglais. Le monde sait que l'Angleterre convoite la belle possession hollandaise de Java. Le monde sait que l'Angleterre, arrivée en Chine et postée en face du céleste empire, étend déjà sa main sur le Japon, où ses influences seront vainement disputées par la Hollande. Le monde sait que l'Angleterre a l'œil constamment fixée sur Haïti et sur Cuba; Haïti, qu'elle concourut à enlever à la France; Cuba, qu'elle voudrait arracher à la faiblesse de l'Espagne; Haïti et Cuba qui échapperont à sa convoitise, attirées qu'elles sont dans la sphère d'action de l'Union américaine. Le monde sait enfin que l'Angleterre conteste nos droits sur Madagascar, droits déclarés *incontestables* à la tribune nationale par l'amiral Roussin, ministre de la marine, et qu'elle n'a cessé de travailler à nous chasser de la grande île, *cette Grande-Bretagne de l'A-frique* (*the Great Britain of Africa*), ont dit les écrivains anglais [1].

L'Angleterre, maîtresse de Madagascar, y organise en peu d'années une armée d'indigènes; et de là, sur la mer favorable que fait la mousson du sud-est, elle peut, à son gré, jeter une armée dans le golfe Persique ou dans la mer Rouge, arriver en force en Perse, en Égypte, en Syrie, avant même que la Russie et l'Europe aient vent de ses projets.

Madagascar assure à l'Angleterre la domination définitive de la mer des Indes, domination déjà fortement assise sur l'une des dépendances de l'île malegache, Maurice, notre ancienne Ile-de-France, conquise par les armes en

(1) Voir Coppland, le missionnaire William Ellis; et Carayon, *Histoire des établissements français à Madagascar.*

1810, par la diplomatie armée en 1815. Madagascar, dans la main des Anglais, paralyse, affame notre position militaire de Mayotte; et de ce siége souverain, l'aristocratie britannique exerce un empire absolu sur toute l'étendue et sur tous les rivages du vaste Océan compris entre l'Afrique, l'Asie, la Malaisie et l'Australie.

VI

POLITIQUE FRANCAISE.

Neutralisation de Madagascar.

La France n'a pas de prétention à l'empire des mers, et il ne convient plus à son esprit républicain d'essayer une domination quelconque abusive. Toute sa politique maritime est et doit être dans ce vieux principe : *Liberum mare.* Garantir la liberté des mers, c'est le vœu, c'est la volonté de la République française.

La France, en proclamant cette devise : *Liberté, égalité, fraternité,* n'a pas entendu prononcer de vains mots. Ce triple principe des sociétés vraiment chrétiennes, qui devient l'âme même de la France, doit guider la République dans toutes ses œuvres intérieures et extérieures. La révolution de 1848 est le point de départ de relations internationales nouvelles. La diplomatie, de jalouse et de perfide qu'elle a presque toujours été, va devenir pour nous fraternelle et loyale.

Si nous voulons que, sur toutes les mers du globe, tous les peuples naviguent égaux, libres et fraternels, nous devons encore faire prévaloir, sur la question de la colonisation, une politique inspirée de ces féconds et sublimes principes d'égalité, de liberté et de fraternité.

La France monarchique, qui s'inspirait toujours du principe de la force et de l'adage païen : *Si vis pacem, para bellum ;* qui nourrissait les rancunes des vieilles dynasties guerrières, et qui, pour venger quelque ancienne défaite, rêvait parfois de l'incendie de Londres ou méditait quelque croq-en-jambe diplomatique bien perfide, la France monarchique, tout en parlant de paix à tout prix, fondait des stations militaires. Les ministres de Louis-Philippe attachaient leur nom à des îlots et à des rochers : l'un était le conquérant de Nossé-Bé ; l'autre, le conquérant de Mayotte, des Marquises et de Tahïti. On dépensait l'argent de la France à construire des forts ; on irritait les Anglais, sur mer, à petits coups d'épingles, on leur jouait un vilain tour sur terre par-delà les Pyrénées, et si bien, qu'il fallait un beau jour trahir la cause des peuples, s'allier avec l'absolutisme et s'en aller enfin mourir tristement dans l'exil.

La France démocratique, qui se trouve avoir ce bonheur de ne point rencontrer, dans ses annales républicaines, beaucoup de défaites à venger, ne songe pas à bâtir des forteresses d'où ses corsaires puissent aller en course et piller le commerce du monde. La France démocratique adopte ce principe chrétien : *Si vis pacem, para pacem.* Elle est l'amie des peuples, la patronne de la paix glorieuse.

La France n'a pas à coloniser Madagascar, soit pour dominer à l'orient du monde, soit pour tourner cet empire contre l'Angleterre. Elle veut seulement soustraire l'île africaine à l'ambition anglaise, et prévenir la constitution de *cette Grande-Bretagne de l'Afrique.* Elle ne veut pas que l'aristocratie britannique occupe cette position souveraine sur une des routes principales du globe ; elle ne veut pas que les peuples soient jamais exposés à être rançonnés au passage, et que les mers orientales cessent d'être libres.

La politique de la France consiste donc, non pas à armer, mais à neutraliser Madagascar.

VII

LIGUE PACIFIQUE ET FRATERNELLE.

Cette politique, dont la valeur est incontestable, étant admise, comment la faire passer en fait?

Si la France veut agir isolément, quelles que soient les déclarations rassurantes du gouvernement de la République, rien n'empêchera l'Angleterre de douter de ces belles déclarations, qu'un revirement de politique peut effacer. L'Angleterre, qui a un intérêt immense à n'être jamais gênée sur les mers des Indes, gardera ses défiances, ses inquiétudes, et, conséquemment, elle continuera sur l'île malegache son mouvement d'absorption.

Si la France, après avoir proclamé l'indépendance et la neutralité de la grande île, veut former un établissement au milieu des peuplades amies du littoral, cet établissement ne pouvant se faire qu'en armes, en raison de l'opposition probable des Hôvas, l'Angleterre aussitôt s'établira sur un autre point, et poussera les Hôvas sur nous, comme elle fit de 1820 à 1829.

Pour qui connaît bien la question malegache, le mouvement de l'Angleterre contre nous est inévitable, irrésistible, tant que nous agirons isolément.

Une ligue européenne pour la liberté de la mer et pour la libre colonisation de Madagascar peut seule avoir puissance d'arrêter la main de l'Angleterre et de neutraliser en fait l'île-reine des mers indo-africaines.

La France doit donc proposer la constitution de cette ligue pacifique et fraternelle

VIII

INTÉRÊT DES PEUPLES.

Tous les peuples ont intérêt à concourir à cette ligue généreuse.

Tous sont plus ou moins troublés par le désordre industriel, par les crises commerciales, par l'agitation douloureuse et menaçante des classes ouvrières. Tous sont intéressés à trouver un débouché immédiat pour le trop-plein des populations urbaines. Tous seraient heureux de pouvoir offrir un sort facile et doux à ces pauvres affamés de leurs villes. Tous ont le devoir religieux de créer des centres de vie industrielle sur tous les points du globe, et de répandre la civilisation chrétienne parmi les barbares.

Au point de vue de la liberté des mers et de l'équilibre du monde, tous les peuples ont intérêt à nous donner leur concours.

La Suède et le Danemark ont des navires sur toutes les terres.

Les villes Anséatiques font de nombreuses expéditions au delà du Cap de Bonne-Espérance. L'Allemagne entière cherche une voie d'expansion maritime et coloniale.

La Belgique place les produits de ses manufactures dans toutes les régions du monde.

La Hollande possède un vaste empire maritime aux îles de la Sonde, empire envié et souvent menacé par l'Angleterre.

Le Portugal garde encore le pays des Mozambiques à l'est de l'Afrique.

L'Espagne a d'admirables possessions aux Philippines.

Les marins de Gênes, Livourne, Naples, Venise et Trieste, et ceux de la Grèce naviguent sur toutes les mers.

L'Amérique étend ses relations commerciales partout dans les mers des Indes et dans l'Océan pacifique.

L'imam de Maskat, qui a abandonné son séjour d'Arabie pour échapper à la surveillance tracassière de la Compagnie des Indes, aujourd'hui retiré à Zanzibar, a des bâtiments de commerce et de guerre dans les eaux de l'archipel malegache.

Enfin, la Russie, la Turquie et l'Égypte sont grandement intéressées à ne pas voir un empire anglais s'organiser à quinze jours des rivages de Perse et d'Arabie.

Ainsi donc, tous les peuples du monde doivent désirer vivement que la position de Madagascar soit neutralisée, et que cette terre féconde soit librement ouverte à leurs colonisateurs.

IX

UN SACRIFICE HABILE.

Madagascar, dans le droit diplomatique européen, est une terre française. Les titres de la France reposent sur des faits éclatants que la mauvaise foi des gouverneurs anglais de l'île Maurice a vainement essayé de contester.

C'est donc un sacrifice auquel la France consentirait et dont elle donnerait l'exemple aux autres nations. Mais il se trouve que cet acte d'abnégation n'est que prévoyance, sagesse et habileté.

En effet, pour qui a vu de près et observé sérieusement la question malegache, voici ce qui est évident :

A moins que la France ne se décide à s'emparer immédiatement et par conquête armée de Madagascar, avant dix ans cette île sera vassale de l'Angleterre, et l'Angleterre y

aura fondé sa toute-puissance réelle dans de telles conditions que nous n'aurons même pas le droit de protester. Le
gouvernement anglais procédera avec cette habileté profonde que lui seul possède : il recommencera son œuvre de
1822. Les autorités de Maurice n'ont pas cessé de tenir les
fils de cette grande intrigue.

Or, il est également évident que la République ne peut
pas songer, en ce moment, à conquérir Madagascar, parce
que la République ne peut pas vouloir provoquer à la
guerre le gouvernement anglais.

Ainsi donc il faut choisir :

Si nous ne faisons pas spontanément ce sacrifice, nous
perdons Madagascar, nous en sommes exclus, et nous la
livrons à l'aristocratie anglaise, qui la tourne contre nous
et contre le monde.

Si nous consentons à ce sacrifice, Malegache est enlevée
à l'ambition de l'aristocratie anglaise, et reste ouverte
aux enfants de la France, fraternellement unis aux autres
peuples pour la colonisation d'une terre splendide.

D'une part, confusion et ruine; de l'autre part, gloire
et profit.

Le choix ne saurait être douteux. Prenons donc brave-
ment notre parti et réjouissons-nous d'avoir à faire un
sacrifice qui nous épargnera beaucoup de déboires en nous
valant beaucoup d'honneur.

X

RÉSERVE ET COMPENSATION.

La France n'aura-t-elle aucune compensation à l'abandon de ses droits?

Nous conseillons une petite réserve stipulée au profit

d'une Compagnie française, et dans l'intérêt même de la colonisation générale de Madagascar.

Depuis longues années notre colonie de la Réunion (Bourbon) se préoccupe de la colonisation de la grande île et sollicite l'initiative de la métropole. Il se forme, en ce moment, à l'île de la Réunion, sur une base libérale, une Compagnie qui se propose de gérer unitairement tout le domaine de la colonie, et de détourner au profit de fondations coloniales à Madagascar, une partie de l'indemnité que la France doit aux planteurs.

On conçoit quelle impulsion féconde donnerait à la colonisation de Madagascar l'action concentrée d'une forte Compagnie ayant l'expérience parfaite de la culture et des industries tropicales.

Nous supposons donc qu'un privilége de vingt années serait accordé à la *Compagnie française orientale*, formée à l'île de la Réunion.

Ce privilége consisterait dans une concession de terres sur les principaux points d'établissement, et dans une redevance annuelle que tout colon paierait à la Compagnie et dont le taux serait déterminé entre les puissances signataires du traité.

La Compagnie orientale française aurait l'office d'approvisionnement général pendant la durée de son privilége, sous des conditions stipulées dans l'intérêt de toutes les parties. Ainsi, dès le début, s'organiserait cette régularité d'approvisionnements, qui a été l'une des sources de la prospérité de la grande colonie hollandaise de Java.

Par cette combinaison, quelques avantages transitoires seraient assurés à l'essaim principal des colonisateurs composé de Français, et l'initiative la plus grande dans cette entreprise civilisatrice serait réservée à des enfants de la France.

Cette compensation ne serait pas oppressive pour les nations alliées, ni pour les autres groupes de colonisateurs.

Les statuts constitutifs de la Compagnie garantiraient tous
les justes droits et tous les intérêts.

XI

TRAITÉ AVEC LES HOVAS.

La ligue colonisatrice étant formée entre les diverses
puissances, il resterait à vider la question à Madagascar
même. Ici encore nous nous présenterions au nom d'une
politique de fraternité, de paix et de justice.

La ligue enverrait au gouvernement hôva une note
ultimatum, dont voici la substance :

« Le peuple hôva n'a de droits naturels que sur le pays
d'Ankhôva qu'habitaient ses aïeux. Sur les autres parties
de l'île, il domine par la force, et ses titres de conquête
sont postérieurs à ceux des Français qu'il a dépouillés de
leurs établissements.

« La position du gouvernement de Tananarrivou est
d'autant plus fausse qu'il ne maintient sa domination que
par le tanghèn et la sagaye, et que les peuples opprimés
appellent les Français comme des libérateurs.

« Dans cet état, la France est sollicitée, et par son droit,
et par ses griefs spéciaux, et par l'humanité, à chasser les
Hôvas de la côte orientale, à venger ses échecs de Tintin-
gue et de Tamatave et à affranchir les Malegaches.

« Cependant, dans son désir d'éviter l'effusion du sang et
désirant voir transformer humainement, mais non briser
le lien unitaire que le gouvernement hôva a noué dans le
pays, la République française déclare qu'elle reconnaîtra
l'indépendance de Madagascar et la souveraineté du pouvoir qui siége à Tananarrivou aux conditions suivantes :

« 1° La reine Ranavalo abdiquera en faveur de son fils, Rakoutou-Saïndri, proclamé roi de Madagascar.

« 2° L'île entière sera librement ouverte aux colons et aux commerçants du monde.

« 3° Le tiers des terres cultivables et exploitables de Madagascar et de ses dépendances sera gratuitement concédé en fermage perpétuel aux immigrants de tous pays, sans que la rente ou l'impôt puisse, durant les vingt premières années, dépasser le *var-zé* que percevait le roi Radama.

« Des commissaires choisis de part et d'autre régleront amiablement ces concessions.

« 4° Tous les immigrants accepteront la loi du pays, sans que l'on puisse pourtant rétablir jamais contre eux les dispositions vexatoires successivement prises depuis la mort de Radama.

« 5° Le jugement par le *tanghèn* et par le *voué* ne sera plus appliqué, dans tout le royaume, qu'aux animaux, selon la loi de Radama, sans cependant que cette disposition puisse atteindre les immigrants.

« 6° La religion chrétienne est autorisée. Un évêque nommé par le pape résidera à Tananarrivou. Les ministres des différents cultes seront sur le pied d'une parfaite égalité entre eux. Ils jouiront d'une entière liberté pour la propagation. Ils seront hautement protégés par tous les agents du pouvoir.

« 7° Les restes des Anglais et des Français tués en 1844, à l'attaque de la Batterie (Tamatave), et qui ont été barbarement exposés sur le rivage jusqu'à ce jour, seront ensevelis par des troupes de la confédération, en présence de troupes hôvas qui leur rendront les honneurs militaires.

« Si cet ultimatum, auquel adhèrent les gouvernements de . . . . est repoussé, lesdits gouvernements s'engagent à soutenir la France dans la réparation de ses griefs, à conquérir avec elle les pays d'Ankhôva, et à établir un gouvernement européen sur l'île malegache. »

Tout nous fait supposer que Ranavalo-Mandjaka accepterait ces conditions pour assurer l'empire à son fils qu'elle aime tendrement. Ce jeune chef a de la sympathie pour les Européens, et paraît heureusement doué pour continuer l'œuvre de civilisation commencée par Radama.

Si, contre toute attente, les ministres égoïstes et sauvages qui pressurent le pays parvenaient à tromper la reine et repoussaient tout arrangement pacifique, alors les confédérés se décideraient à un établissement par la force.

XII

HYPOTHÈSE D'UNE OPÉRATION ARMÉE.

Dans cette hypothèse, deux combinaisons se présentent.

Ou bien les puissances opéreraient la conquête immédiate et totale de l'île, afin d'avoir le champ libre pour de grands versements de colonisateurs ; et ce serait l'affaire d'une campagne de quatre mois avec dix mille hommes ;

Ou bien les puissances se contenteraient d'un établissement partiel dans la pointe nord de l'île, région fort saine, qu'une ligne de points militaires, échelonnés de Vouhémar à Bavatoubé, mettrait à l'abri des incursions des Hôvas, et pour cet établissement il faudrait quatre mille hommes de troupes.

A tous égards, la conquête totale serait plus avantageuse. Elle porterait immédiatement le gros des colonisateurs dans la contrée du centre, où le climat est salubre et doux comme celui de France.

Dans les deux cas, on devrait rassembler les troupes d'expédition en un camp d'exercice dans le voisinage d'un port de Hollande, de Belgique ou de tout autre pays à la convenance des confédérés. Une commission supérieure arrêterait toutes les conditions d'organisation des forces et du commandement, et l'expédition partirait vers le milieu de janvier, afin d'arriver au début de la saison saine et tempérée.

Nous devons faire observer que ces opérations peuvent se décider et s'effectuer, quel que soit l'état général de l'Europe.

Ajoutons que si l'on se décidait à détruire le gouvernement de Tananarrivou et à exclure du trône le fils de Ranavalo-Mandjaka, l'Europe ne manque pas de princes sans emploi auxquels elle pourrait offrir une couronne chez les barbares, aujourd'hui plus faciles à gouverner que les civilisés. Cependant nous pensons que le jeune prince malegache serait utilement maintenu à la tête de ses peuples, dont il connaît l'esprit et les mœurs.

XIII

CONVENTION ENTRE LES PUISSANCES.

Nous proposons, pour être soumis à tous les gouvernements intéressés, le projet suivant de convention :

« Sur la proposition de la République française, qui fait abandon des droits de la France sur Madagascar et ses dépendances, il est convenu :

« Art. 1ᵉʳ. L'île de Madagascar et ses dépendances sont déclarées terres neutres et indépendantes.

« Art. 2. Madagascar est ouverte aux colonisateurs de tous pays, et ses ports sont déclarés ports francs.

« Art. 3. Toutefois, pendant vingt ans, à dater du jour de l'établissement, la *Compagnie française orientale* de l'île de la Réunion aura le privilége de l'approvisionnement général du pays, et percevra une redevance annuelle sur chaque colon.

« Le taux de cette redevance et la répartition proportionnelle du chiffre de l'approvisionnement entre toutes les nations conférentes seront réglés par un acte ultérieur.

« Art. 4. Le prince Hôva Rakoutousaïndri est reconnu roi de Madagascar.

« Art. 5. Le tiers des terres cultivables de Madagascar et dépendances est réservé pour être concédé aux immigrants, proportionnellement aux populations des puissances conférentes. Chaque colon aura droit à. . . . . hectares.

« Art. 6. Une étendue de. . . . . hectares, en divers lots à son choix, est spécialement attribuée à la Compagnie française orientale.

« Art. 7. Aucun immigrant ne pourra posséder d'esclaves.

« Art. 8. Les prêtres de tous les cultes jouiront d'une égale liberté et d'une égale protection.

« Le pape sera engagé à nommer un évêque à la résidence de Tananarrivou.

« Art. 9. Le jugement par le *tanghèn* et le *voué*, pénalité barbare, sera aboli dans son application aux hommes. L'application du tanghèn aux animaux ne pourra être invoquée dans les procès entre les immigrants et les indigènes.

« Art. 10. Les restes des Anglais et des Français tués en 1844 et restés sans sépulture seront ensevelis par les troupes de la confédération, en présence des soldats hôvas qui leur rendront les honneurs militaires.

« Art. 11. Les puissances conférentes prennent sous leur protection fraternelle l'île de Madagascar et ses habitants, et travailleront, par la seule voie de la persuasion, à faire adopter par le gouvernement hôva et par les Malegaches les institutions et les principes de la civilisation et du christianisme.

« Art. 12. Chacune d'elles s'engage à porter à son budget une somme proportionnelle pour encourager la mise en culture de l'île et hâter le développement de ses peuples.

« Art. 13. La Confédération entretiendra à frais communs, à Tananarrivou, une ambassade et un conseil de colonisation.

« Art. 14. Les puissances signataires s'engagent solidairement pour l'exécution pacifique du présent traité, et pour son accomplissement forcé, dans le cas où les résistances des ministres de la reine Ranavalo rendraient indispensable une expédition armée. »

CONCLUSION.

La valeur de cette proposition ne peut échapper à l'esprit libéral et éclairé des chefs de la République française. S'ils croient, comme nous, le moment opportun pour prendre l'initiative de cette convention, qu'ils se hâtent d'en exposer les avantages et d'en faire adopter les bases par les divers gouvernements européens.

Il faudrait s'adresser d'abord à l'Allemagne et à la Hollande, puis à l'Espagne, au Portugal, au Piémont et à la Belgique.

Assuré du concours des principales puissances continentales, le gouvernement de la République devrait solliciter l'adhésion de l'Angleterre elle-même. Il n'y a pas de raison pour que cette puissance soit exclue d'un tel accord ; et l'on peut faire aisément comprendre aux hommes d'État, et surtout aux commerçants de la Grande-Bretagne, que, — toute prétention à un monopole oppressif étant désormais écartée par la volonté des peuples et par la justice, — les Anglais ont tout intérêt à la neutralisation de Madagascar, neutralisation qui détruit une cause grave de conflit et de guerre, qui garantit toute sécurité au vaste courant commercial de l'Angleterre vers l'Orient, et qui ouvre, dans un partage fraternel, l'île africaine à ses négociants et à ses colons.

Mais il importe que la convention soit conclue entre les puissances continentales avant d'être communiquée au cabinet de Londres. L'Angleterre pourrait voir avec quelque inquiétude un projet dont la réalisation ébranlerait le principe de son monopole colonial. L'Angleterre s'est emparée, durant sa période d'accroissement grandiose, de presque toutes les terres incultes du globe, et elle s'en réserve l'exploitation exclusive et jalouse, au grand détriment de toutes les nations. Il appartient à la République française d'attaquer ce privilége monstrueux.

Et ce serait, en cette affaire, la gloire et le bonheur de la France, aux premiers jours de l'ère républicaine, de donner, par la voie pacifique de l'exemple, le signal d'une transformation capitale du droit des gens, d'introduire dans l'humanité le principe chrétien de la colonisation en mode confédéré, solidaire et fraternel, en un mot, d'appliquer à l'usage des mers et à la politique colonisatrice ses principes sacrés et régénérateurs : LIBERTÉ, ÉGALITÉ, FRATERNITÉ !

———

La France compte parmi ses enfants vingt hommes de grand mérite, qui ont fortement étudié la question de Madagascar et qui seraient heureux de porter la civilisation sur cette terre splendide : MM. les amiraux de Hell et Cecile, le commissaire général Achille Bédier, le colonel du génie Blevec, les commandants Gouhot et Passot, le capitaine de frégate Guillain, le capitaine d'artillerie Carayon, les lieutenants de vaisseau Feillet et Béléguic, et tant d'autres.

Imprimerie d'E. Duverger, rue de Verneuil, n. 4.